未來日記 ✏

Week **1**

小幸運

Before 總是看到不好的一面。

After 開始看到光明面,「選擇性注意力」
在不知不覺中開始作用。

DAY 01

年　月　日

memo

早上的三分鐘是黃金時間。
想像今天將成為美好的一天，
從今天開始寫未來日記。

DAY 02

年　　月　　日

memo

體驗就是一切。
我體驗到日記裡寫的
小事都已成真。

DAY 03

年　　月　　日

memo

開心的事會一直持續下去。
每天都迫不及待想寫未來日記。

DAY 04

年　月　日

memo

早晨的心情決定一整天的好壞。

當我看向光明面，

就發生了許多小確幸。

DAY 05

年　　月　　日

幸運的祕訣在於保持好心情。
今天一整天都帶著好心情。

memo

DAY 06

年　　月　　日

memo

任何事都是一體兩面，我學會了只看見好的那一面。

一切早已在我手中，
才發現原來我早已擁有。

DAY 07

年　月　日

memo

Week 2

工作・家事・學習

Before 帶著不情願的心情工作・做家事・學習。

After 改變觀點，從工作・家事・學習中找到樂趣。

DAY 08

年　月　日

memo

任何事都取決於用心與否。

書寫任何文字時，

都像寫情書一樣慎重。

DAY 09

年　月　日

memo

作業要快、創造要大。

早一點完成例行性工作，

得以從事創造性的事物。

DAY 10

年　月　日

memo

所有物質都來自電子原子。

將家裡打掃乾淨，

就像呵護自己的身體一樣。

DAY 11

年　　月　　日

memo

美味來自愛與用心。
用心為自己、
為重要的人做了好吃的料理。

衣物保護我的身體，比平常更仔細地清洗了衣物。

DAY 12

年　月　日

memo

DAY 13

年　　月　　日

memo

學習從模仿開始。
模仿成功人士，
事情進行得更順遂了。

DAY 14

年　月　日

memo

學習使我成長。
學習了對我有幫助的訊息，
彷彿將訊息下載至全身。

Week 3

新習慣

Before　　某些習慣一直很難養成。

After　　開始覺得或許能養成習慣。

DAY 15

年　月　日

習慣左右我的人生。

學會放下了過去一些

無謂的習慣。

memo

DAY 16

年　月　日

memo

拒絕需要跨出一大步。

鼓起勇氣拒絕了

不想參加的應酬。

DAY 17

年　　月　　日

memo

想到可以暫時休息就輕鬆不少。

今天暫時放下了

一直想戒掉的習慣。

DAY 18

年　　月　　日

memo

決心的強弱，決定結果的好壞。
我決定放掉一項過去的習慣。

DAY 19

年　月　日

萬事起頭難，
今天開始了一項新的習慣。

memo

DAY 20

年　　月　　日

memo

持續不間斷就能養成習慣。

今天我又養成了一項新的習慣。

DAY 21

年　月　日

memo

習慣形成我的一切。養成了一項下意識反射的新習慣。

Week 4

好心情

Before　帶著不好的心情，發生了不愉快的事情。

After　開始擁有好心情，開始發生好事。

DAY 22

年　月　日

memo

讓影響心情的畫面及聲音，從生活中消失。學會不看影響心情的事物。

DAY 23

年　　月　　日

memo

學會轉台，開始意識到只須看見能為自己帶來好心情的事物即可。

DAY 24

年　月　日

選擇讓自己心情好的聲音。
開始會無意識地
選擇進入耳朵的聲音。

memo

DAY 25

年　　月　　日

memo

留意自己的內在，思考什麼事會讓我心情變好。

DAY 26

年　月　日

做了某件一直很想嘗試的事情。第一次的挑戰為我帶來活力。

memo

DAY 27

年　月　日

memo

保有安定的心。

變得能夠隨時保持愉悅的心情。

DAY 28

年　月　日

心情是一種預兆。
開始覺得保持愉悅的心情
會讓好事發生。

memo

Week 5

富足

Before 覺得自己沒有錢，沒有這個，也沒有那個。

After 開始看到自己擁有的東西。

DAY 29

年　月　日

memo

日常生活中充滿非凡的富足。

思考那些過於理所當然，

而使我們忘記其存在的富足。

DAY 30

年　　月　　日

memo

使用的富足。
不懂原理仍可用電、用手機，
也是一種富足。

DAY 31

年　月　日

随時與我同在的身體，
感謝我的身體讓我活動自如。

memo

DAY 32

年　　月　　日

memo

活著就是一種富足。
以極小的機率誕生於世上，
就是一種富足。

DAY 33

年　月　日

幫助他人的富足。
待人和善親切並保持豐足的心情，
便發生了有趣的事情。

memo

DAY 34

年　月　日

memo

看不見的富足。
保持一顆從容而富足的心，
就是幸福。

DAY 35

年　　月　　日

memo

所有一切就在身邊。
學會對一切事物的原始樣貌
抱持感謝。

Week 6

自己的魅力

Before 不喜歡這裡、不會這個、不會那個，
覺得自己沒有魅力而感到自卑。

After 發現缺點其實是一種個性，
找到了發揮個性的機會。

DAY 36

年　月　日

memo

缺角的圓比完整的圓更吸引人。

自以為的缺點，

或許就是魅力所在。

DAY 37

年　月　日

memo

缺點是一種個性。

自認為的缺點被人稱讚

「很有你的特色，很棒」。

DAY 38

年　月　日

memo

重點在於感謝。

發現自己擅長的某件事情

獲得他人的感謝。

DAY 39

年　月　日

memo

喜歡的事情才能學得更好。
花時間在自己喜歡的事物上，
甚至忘了時間。

DAY 40

年　月　日

memo

失望為機會之母，
能察覺到這一點就無所懼。

DAY 41

年　　月　　日

memo

寧靜的時光造就魅力。

決定花更多時間精進自己的專長，

讓自己更有自信。

DAY 42

年　月　日

發覺如何精進真實的自我。

內在的光采更能吸引人。

memo

Week 7

共時性

After　覺得自己所想的事物出現在眼前是一種
　　　　共時性現象。

DAY 43

年　月　日

無可避免的偶然。
以為只是偶然，
或許有其真正的涵義。

memo

DAY 44

年　月　日

memo

連續發生兩次的偶然即是必然。

今天聽見兩次同樣的事情。

DAY 45

年　月　日

直覺是一種隱約的感覺。

不經意的選擇，

為我帶來了有趣的體驗。

memo

DAY 46

年　　月　　日

memo

直覺的有效期限很短。

想到什麼就立刻去做，

得到了很好的成果。

DAY 47

年　月　日

發現生活中的徵兆。
開始留意共時性現象
發生前的徵兆。

memo

DAY 48

年　　月　　日

memo

用各種體驗確認。
重複發生的體驗，
讓我確定共時性現象真的存在。

DAY 49

年　　月　　日

memo

人生中沒有偶然。

開始相信任何事情都是注定的，

開始覺得一切都是重要的體驗。